원작 **파뿌리**

강호이, 진렬이, 노랭이로 구성된 일상 예능 크리에이터 그룹입니다. 톡톡 튀는 아이디어와 엉뚱 발랄한 상상력으로, 일상 속 유쾌한 모습들을 담아 즐거움을 전하는 채널을 운영 중입니다.

글 **강민희**

어릴 적 재미있게 읽은 책이 평생의 꿈을 바꿀 수 있다는 사명감으로 더욱 감동적이고 기억에 남을 만한 이야기를 만들기 위해 노력하고 있습니다. 주요 작품으로 〈Who?〉 시리즈, 〈구해줘 카카오프렌즈〉 시리즈, 〈뚜아뚜지의 대모험〉 시리즈, 〈곤충보다 작아진 정브르〉 시리즈 등이 있습니다.

그림 **팀키즈**

어린이의 소중한 꿈과 행복을 한 컷, 한 컷에 담겠다는 목표로 즐겁게 작업하는 만화팀입니다. 주요 작품으로 〈Why?〉 시리즈, 〈쿠키런 킹덤 퀴즈 원정대〉 시리즈, 〈레이튼 미스터리 탐정사무소〉 시리즈, 〈초코빅〉 시리즈, 《흔한남매 대탈출! 주사위 게임북》, 《민쩌미 코디북 2》 등이 있습니다.

감수 **샌드박스네트워크**

최근 각광받고 있는 MCN 업계의 선두 주자입니다. '크리에이터들의 상상력으로 세상 모두를 즐겁게'라는 비전을 가지고 크리에이터가 자신의 창의력과 능력을 마음껏 발휘하는 디지털 문화 생태계를 조성하고 있습니다. 대표 크리에이터로는 도티, 파뿌리, 겜브링, 인싸가족, 토깽이네, 슈뻘맨, 백앤아 등이 있습니다.

원작 파뿌리　글 강민희　그림 팀키즈
감수 샌드박스네트워크

✳ 예림당

강호이

파뿌리의 듬직한 리더!
유쾌 발랄한 성격을 가지고 있어,
뽑기 투어의 미션에서
톡톡 튀는 감초 역할을 한다.

진렬이

파뿌리의 강심장!
엉뚱하고 기발한 상상력으로
뽑기 투어의 미션을
거침없이 해결해 나간다.

노랭이

파뿌리의 브레인!
비상한 두뇌를 가지고 있어,
뽑기 투어의 미션을
아주 날카롭게 추리한다.

뽑뽑피디

다양한 미션으로
파뿌리를 당황하게 만드는 장본인!
같은 시간대에 다른 장소에서
등장하기도 하는 신비로운 존재이다.

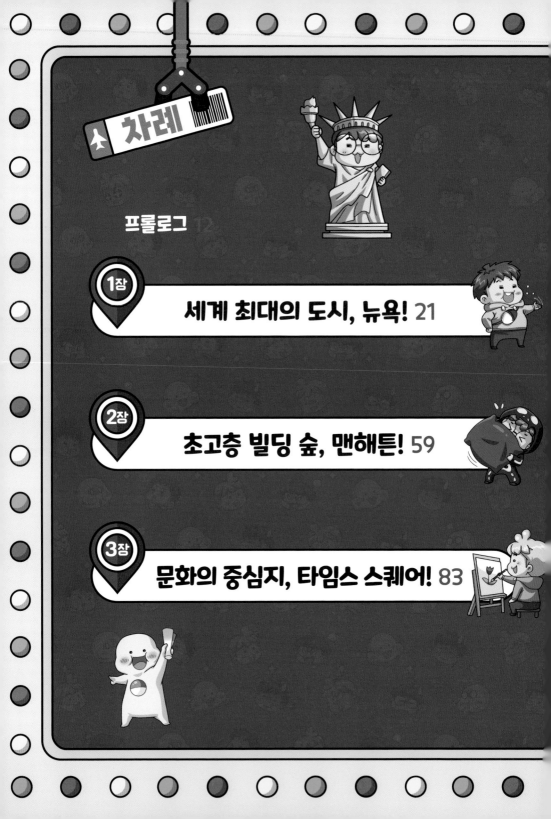

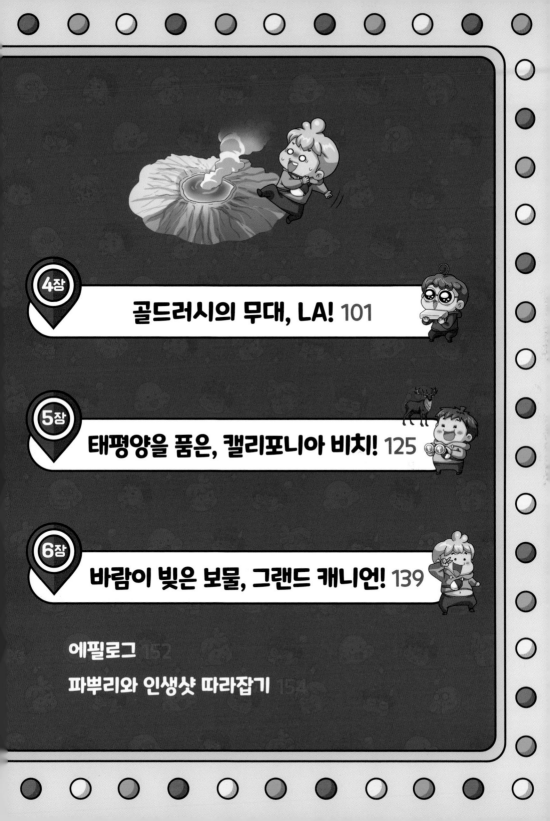

공연 잘 봤습니다. 그런데 목적지가 미국이란 건… 어, 어떻게 안 거죠?

제가 봤거든요.

후후후후

대체 뭐, 뭘 보신 거죠?

며칠 전

United States of America~!

응?

United States of America라면….

응? 이건 뽑뽑피디 님 목소리인데….

멈칫

흠…

호, 혹시?

슬쩍

항공권 예약은 미리 해 놔야지.

비행기 좌석이 없으면 큰일이니까. 역시 난 프로야. 정말 멋져.

14

이번 뽑기 투어는 미국이구나! 비록 어느 주로 가는지는 안 보였지만, 헤헤.

후후후후, 뽑뽑피디! 너한테 벽 느껴진다? 완. 벽.

씨익

통 통

보안 유지를 위해 모두 외출한 틈에 항공권 예약을 했는데….

키득

꼬앙~!

헤헤

배탈이 나서 일찍 들어왔다가 봤답니다!

브이~

애써 준비한 게 소용이 없어져서 어떡하죠?

마음이 아파요.

킥킥

큭큭

탁

흥! 웃고 있는 거 다 압니다! 손 내리세요!

헤헤헤~ 들었나요?

씨익

훗! 뭐, 그래도 괜찮습니다!
혹시 이런 말 들어 보셨나요?
뛰는 파뿌리 위에 나는
뽑뽑피디가 있다!

그게
무슨…?

미국의 주는
무려 50개!
처음부터 이 뽑기의
목적은 미국의 어느 주,
어느 도시로 여행을
갈지를 고르는
거였습니다!

의기양양~

이럴 수가!

띠로리~

졌다!

뽑뽑피디 님은
당할 수가 없군요.

으하하

16

오호~.

결과를 보여 주세요!

이게 뭐지?

짜잔!

뉴욕의 상징! 자유의 여신상 피규어가 나왔다!

와하하하~

||||||||||| 궁금해요, 파뿌리

자유의 여신상, 진짜 너의 이름은?

자유의 여신상은 미국 뉴욕시 리버티섬에 세워진 동상이에요.
1886년 미국의 독립 100주년을 기념해 프랑스에서 선물했는데요.
이 여신상의 정식 명칭은
'세계를 비치는 자유'랍니다.

내가 뽑은 건 어디서 봤던 거 같은데···. 뭔지 모르겠어.

아니, 그걸 왜 몰라? 오스카상이잖아!

오스카··· 상?

답답

이제 알겠지?

응. 여행지도 어딘지 알겠어!

나도

궁금해요, 파뿌리

영광의 황금빛 트로피, 오스카!

아카데미 시상식은 LA 할리우드의 코닥 극장에서 열리는 미국 최고의 영화 시상식이에요. 해마다 영화 산업에 기여한 작품과 인물들에게 상을 주는데요. '오스카'라는 애칭이 붙은 기사 형상의 황금빛 트로피를 수여해서, 일명 오스카 시상식이라고도 불린답니다.

이렇게 정해진, 파뿌리 뽑기 투어 세 번째 여행지는···!

뉴욕과 로스앤젤레스!

파닥

파닥

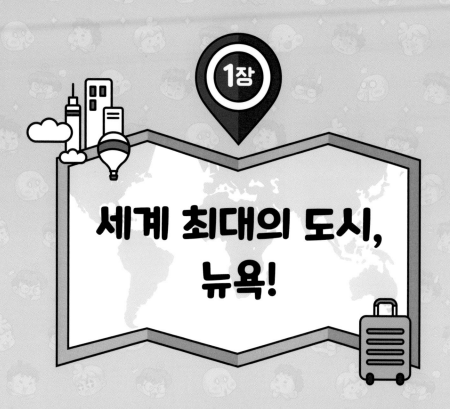

1장

세계 최대의 도시, 뉴욕!

그나저나 가는 동안에 뭐 하지?

난 한숨 푹 잘 거야. 가자마자 재밌게 놀려면 체력을 충전해 놔야 하니까.

난 미국 공부 영상 저장해 왔지!

와! 다들 단단히 준비해 왔구나.

시무룩~

나만 아무런 준비 없이 왔네.

나랑 같이 볼래?

히히, 미국은 어떤 나라일까?

스윽

쿠울~쿨

국기

미국 국기의 이름은 성조기(Stars and Stripes)예요. 성조기는 별과 줄무늬라는 뜻을 지녔어요. 바탕에는 붉은색과 흰색 줄무늬가 있고, 왼쪽 상단에는 파란 사각형이 있는데, 그 안에는 50개의 하얀 별이 있어요. 이 50개의 별은 미국에 속해 있는 '주'를 뜻한답니다.

인구

미국의 인구는 세계 3위로 약 3억 4,542만 명이에요. 미국은 이민자들로 이루어진 나라로, 다양한 민족과 인종이 함께 어우러져 살고 있어요.

미국의 국가 속 국가, 주(State)!

미국은 북미 대륙의 48개 주에 알래스카, 하와이를 합쳐 총 50개 주로 구성된 연방공화국이에요. 여기서 '주'는 우리나라의 강원도, 경기도와 같은 '도'와 비슷한 개념이지만, 미국의 각 주를 대표하는 주지사는 우리나라의 도를 대표하는 도지사와는 달리 한 나라의 대통령과 비슷한 권한을 가지고 있어요. 각 주는 자치권을 가지고 있어서 주마다 그 주를 통치하는 법률과 정책이 다를뿐더러, 서로 각기 다른 주기도 가지고 있지요.

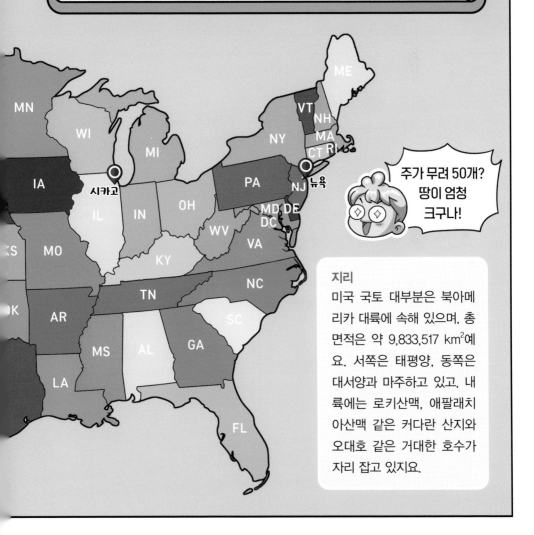

주가 무려 50개?
땅이 엄청
크구나!

지리

미국 국토 대부분은 북아메리카 대륙에 속해 있으며, 총 면적은 약 9,833,517 km²예요. 서쪽은 태평양, 동쪽은 대서양과 마주하고 있고, 내륙에는 로키산맥, 애팔래치아산맥 같은 커다란 산지와 오대호 같은 거대한 호수가 자리 잡고 있지요.

25

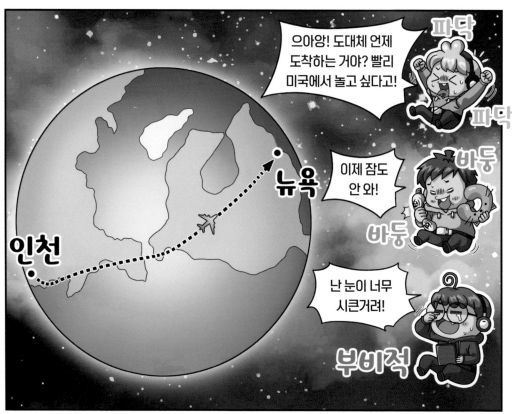

여기가 줄인가 봐!

빵빵~

그런데 왜 뉴욕 택시는 노란색일까? 내 상징색과 같아!

1960년대에 정식으로 등록된 택시를 불법 영업 택시와 구분하기 위해, 노란색으로 색칠하는 법안이 시행되었거든.

아, 그래서 대부분 노란색인 거구나.

노랑이라…. 그래서 뉴욕이 끌렸던 걸까?

스르륵

그 일이 있은 뒤로 뉴욕의 택시들은 옐로 캡이라 불렸대.

|||||||||||||| 궁금해요, **파뿌리**

옐로 캡의 시작은 어디일까?

뉴욕의 명물인 옐로 캡(Yellow Cab)은 사실 시카고의 한 택시 회사에서 시작됐어요. 가급적 많은 사람들의 눈에 띌 수 있도록, 택시 외관을 밝은 노란색으로 칠했는데요. 덕분에 이용 승객도 늘고 덩달아 사고 발생까지 줄어들면서 큰 성공을 거두었다고 하지요. 그리고 이 성공을 바탕으로 훗날 뉴욕까지 진출해, 오늘날 뉴욕의 명물, 옐로 캡이 되었다고 합니다.

Hello~!
(안녕하세요!)

GO~!

진렬아,
저기 봐.
앞자리가
막혀 있어!

그건 혹시나 생길
위험 상황을 막기
위해 그런 거야.

아하!

택시비 결제는
우리가 카드로
직접 하나 봐!

우리나라랑
비슷하네?

저기가 뉴욕의 중심지인 맨해튼인가 봐!

척

개성 넘치는 빌딩이 정말 많다!

뉴욕은 다섯 개의 자치구로 구성되어 있대!

뉴욕 시차가 13시간 늦다 보니 어제 비행기 탔던 시간이랑 별 차이가 안 나네. 왠지 시간 여행을 한 것 같아.

쿡쿡

일단 숙소에 들러 짐을 놓고, 가장 먼저 자유의 여신상을 보러 갑시다!

좋아요!

배터리 파크(Battery Park)

두둥~!

이곳은 뉴욕의 상징,
자유의 여신상을
한눈에 볼 수 있는
배터리 파크입니다!

자유의 여신상이
어디 있는데요?

두리번

모두 저쪽을
보시죠.

둥~

자유의
여신상이…

리버티섬(Liberty Island)

둥~!

와! 무척 크다.

어? 뽑뽑피디 님, 자유의 여신상 안에 들어갈 수도 있어요?

네, 그래요. 저 왕관까지 올라갈 수 있답니다!

저희도 가 볼래요!

단!

단?

히죽

후후후훗~

38

와! 저 수많은 빌딩 좀 봐. 역시 도시들의 도시, 세계 최대 도시다워.

빌딩 숲이라는 표현이 바로 저걸 말하는 거겠지?

그럼~ 그럼~

여러분, 그런데 뉴욕이란 이름의 유래를 아시나요?

당연히!

오?

우리는 모르죠.

까당!

우리에서 난 빼 줘.

노랭이, 너 알아?

까닥

영국 국왕 찰스 2세의 동생 이름을 따서 지어졌대.

끄덕

엥? 미국인데, 영국이 왜 거기서 나와?

황당~!

네덜란드의 식민지였던 이곳을 영국이 차지했거든.

그래서 그 당시 영국 국왕이었던 찰스 2세가 동생인 요크 공작에게 여길 생일 선물로 줬대.

슥

생일 선물로 뉴욕을 줬다고?

우아! 역시 왕이라서 그런가…. 통이 엄청 크구나.

휙휙

나도 그런 형 있었으면 좋겠다.

나도….

절레 절레

41

가만!
요크라고?
York?

왜?

혹시 새로운 요크!
그래서 뉴욕인거야?
New York?

에이~
농담~

맞아. 영국에도
요크라는 지역이 있었어.
그래서 영국의 요크와
구분하려고,

뉴욕(New York)
이라고 이름
붙였대.

오~!

우쭐

얼떨결에
맞혔네.

굵적

그나저나
진렬이는 지금
어디까지
올라갔을까?

42

한편…

헉헉

우승상을 받았는데 왜 벌칙을 받은 거 같지?

힘내실 수 있도록 제가 응원해 드리겠습니다! 힘내라, 힘! 힘내라, 힘!

뿌뿌

부르르

사나이, 김진렬! 할 수 있다!

저런~. 괜, 괜찮으십니까?

으앙! 괜… 찮아 보여요?

부들

으쌰~

부들

이제 얼마 남지 않았어요!

우아~!

자유의 여신상은 메이드 인 프랑스?

자유의 여신상은 프랑스가 19세기 말에 미국의 독립 100주년을 축하하기 위해 제작한 동상이에요. 프랑스 조각가 바르톨디가 자유의 여신상의 외형을 설계하고, 토목 기술자 귀스타브 에펠이 동상 내부의 골조(뼈대)를 만들었지요. 자유의 여신상의 겉면은 약 300개의 구리판으로 구성되어 있는데, 배로 실어 와 약 4개월간 조립해서 세웠다고 해요.

야호~!

횃불
세계를 비추는 '자유의 빛'을 뜻하는 횃불은 원래 등대 역할을 했어요. 횃불 안에 있는 조명이 밝게 빛을 냈었지요. 하지만 구름에 반사된 빛 때문에 오히려 선박 사고가 자주 일어나자 더는 등대로 사용하지 않게 되었다고 해요. 현재 예전 횃불은 자유의 여신상 박물관에 전시되어 있답니다.

독립선언서
자유의 여신상은 왼손에 독립선언서를 들고 있어요. 독립선언서에는 미국의 독립 기념일인 1776년 7월 4일이 로마자로 새겨져 있지요.

소재
자유의 여신상은 아주 얇은 구리로 만들어졌어요. 초창기 자유의 여신상은 붉은 갈색빛이 도는 구리색을 띠었어요. 하지만 시간이 흐르면서 구리의 산화 현상이 일어나, 지금은 청록색을 띠고 있답니다.

스마일~!

노랭아! 저기 좀 봐!

척

스윽

와~!

진렬이잖아!

여기서 보니까 진짜 작다.

만지작

이제 그만 내려가요. 다 함께 월스트리트로 갈 예정이거든요!

벌, 벌써요?

덥석

우앙~! 이 계단을 또 내려가야 한다니.

주루룩

47

월스트리트(Wall Street)

바로 여기가 세계 금융의 중심지 월스트리트입니다!

오옷! 저기 봐!

번쩍

둥~

뉴욕 증권 거래소야! 여기가 세계에서 규모가 가장 크대.

건물이 무척 웅장하다.

|||||||||||| 궁금해요, 파뿌리

맨해튼을 가로지르는 벽

뉴욕은 영국의 식민 통치를 받기 전 네덜란드의 식민 통치를 받았어요. 당시 네덜란드 사람들은 이곳을 뉴 암스테르담(New Amsterdam)이라고 불렀지요. 월스트리트가 있는 로어 맨해튼은 과거 네덜란드 사람들이 이곳에 살고 있던 원주민들에게 돈을 주고 산 땅인데요. 그들은 원주민 인디언들과 거주 지역을 분리하기 위해 맨해튼을 가로지르는 긴 나무 벽(Wall)을 쌓았다고 해요. 그리고 이 벽으로부터 지금의 월스트리트(Wall Street)라는 이름이 유래되었다고 하지요.

아하! 그래서 뉴욕이 경제 중심지가 된 거구나.

짝!

그리고 무역으로 인해 돈이 쌓이자 이를 관리하기 위해

여러 은행과 금융 기관들이 모여들게 되었어.

어라? 노랭이가 무척 똑똑해 보여!

호~

부비적

나도!

오호~

난 원래 똑똑했어!

척

!

앗! 너 인터넷으로 찾아보고 말한 거지?

움찔

도, 도망가야겠다!

앗! 저기 사람들이 모여 있네!

웅성

삭삭

아! 불 마켓~!
그래서 이렇게
사람이 많았군!

불 마켓이 뭔데?
혼자만 알지 말고
설명 좀 해 줘~잉.

주가가 오르는 상승장을
불 마켓(Bull Market)이라고 해.
황소가 뿔로 들어올리는 모습과
닮아 보여서 붙여졌어.

반대로 주가가
내리는 하락장을
베어 마켓(Bear Market)
이라고 불러. 곰이 공격할 때
앞발을 내려치는 모습과
비슷하다고 해서
이름 붙여졌지.

주식이 오르면 돈을
버니까 월스트리트에서는
황소가 행운의
상징이겠네!

끄덕

그런데 왜
서로 못 만져서
안달이죠?

만지작

만지

저 황소상을 만지면
돈이 들어온다는
속설이 있거든요.

돈이
들어온다고요?

쫑끗

그럼
안 만질 수가
없지!

나도,
나도!

다다다다

왜 안 따라가세요?
혹시 돈에 관심이
없으십니까?

멀뚱
멀뚱

아뇨! 잠시
갑부가 되는 상상을
했어요!

쌔애앵

궁금해요, 파뿌리

검은 월요일을
위로하는 황소상

1987년에 10월 19일 월요일, 뉴욕 증권 시장에서 주가가 대폭락하는 사건이 벌어졌어요. 이로 인해 세계 경제는 큰 혼란을 맞이했고, 이전의 주가를 회복하는 데 약 2년이나 걸렸지요. 그 뒤로 사람들은 이날을 블랙 먼데이(Black Monday)라고 불렀고, 유례 없는 주가 폭락 사건으로 큰 고통을 받은 사람들을 위로하기 위해 한 조각가가 월스트리트에 돌진하는 황소상을 만들었다고 해요.

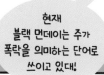

현재
블랙 먼데이는 주가
폭락을 의미하는 단어로
쓰이고 있대!

브루클린 브리지(Brooklyn Bridge)

오늘의 마지막 일정!
브루클린 브리지입니다!

우아!
사람이 엄청
많다.

차도와 보행로가
분리되어 있어서
걷기 좋다!

두리번

두리번

부인이 완성한 다리, 브루클린 브리지!

뉴욕의 맨해튼과 브루클린을 이어주는 브루클린 브리지는 14년에 걸쳐 완성된 현수교예요.* 완공 당시 세상에서 가장 긴 현수교였던 브루클린 브리지는 한 여성에 의해 완성되었다고 해요.

존 A. 뢰블링이라는 사람이 설계한 후에 착공을 앞두고 사고로 사망하자, 그의 아들인 워싱턴 뢰블링이 아버지의 뒤를 이어 다리 공사를 시작했어요. 하지만 얼마 지나지 않아 다리 공사 중 얻은 병으로 장애를 입는 바람에 현장에 나가지 못하게 되었고, 그의 아내 에밀리가 11년 동안 남편 대신 감독과 관리를 맡아 다리를 완성했지요.

사실, 당시에는 여성들이 남성들만큼 자유롭게 교육을 받기도 어렵고 직업을 얻기도 힘들었어요. 심지어 여성은 국민이 정치에 참여할 수 있는 권리인 참정권도 없었던 시기였지요. 하지만 에밀리는 건설 현장 일꾼들에게 인정을 받을 만큼 뛰어난 능력을 발휘해 무사히 미완성 다리를 완성했고, 완공된 뒤에는 대통령과 함께 브루클린 브리지를 최초로 걷는 인물이 되었답니다.

다들 주탑을 배경으로 사진을 찍고 있네.

척

우리도 찍을까?

씨익

물론이지!

*현수교: 주탑과 연결된 강철 케이블에 매달려 있는 다리

55

뽐뽐피디 님,
멋지게 찍어 주세요!

찰칵~!

여기서부터
브루클린 브리지가
시작된대!

다리를
지탱해 주는
이 강철 줄 엄청
튼튼해 보인다.

여기서 깜짝
퀴즈입니다!

갑자기요?

뜬금없이?

여기서요?

브루클린 브리지의
길이는 얼마일까요?
오차가 가장 큰
사람이 택시비를
내야 합니다!

참고로
여기서 저희
숙소까지 정말
멀어요!

탁

이 기다란 다리 길이를 우리가 어찌 아냐고요!

벅벅

곧 퇴근 시간입니다. 늦으면 맨해튼의 엄청난 교통 체증을 경험하게 될걸요?

헉!

속닥속닥

참고로 다리가 있는 이스트강은 폭이 1 km가 넘습니다.

1,100 m!

1,700 m!

1,800 m!

척

척

정답은! 1,833 m!

오예~!

짝

털썩

내, 내가 제일 멀잖아?

숙소에 편히 갈 수 있겠다!

강호이, 고맙다!

안 돼~!

2장

초고층 빌딩 숲,
맨해튼!

입 냄새가 지독한 걸 보니 꿈은 아니구나.

키득 키득

세수도 못 하고 끌려 나온 건데 양치를 언제 해!

텁!

저 사람들은 왜 베개를 들고 있나요?

그리고 저희는 왜 잠옷 차림으로 이 공원에 있는 거죠?

오늘은 4월 첫째 주 토요일!

속

그런데요?

바로바로! 세계 베개 싸움의 날 (Pillow Fight Day)입니다!

파밧

베개 싸움의 날도 있어요?

오늘 하루만큼은 순수한 동심으로 돌아가서 스트레스를 날려 버리자는 의미로, 세계 곳곳에서 베개 싸움 축제를 벌이고 있어요.

덩실

덩실

♪♫

진작 알았다면 우리도 베개를 챙겨 왔을 텐데.

어디서 베개 살 만한 곳이 없을까?

두리번

당연히 준비되어 있죠!

탁!

it's 뽑기 타임

뽑기군요!

샤샥

뽑기 투어 하면서 이렇게 뽑기가 반가운 적은 또 처음이네.

크크

그러니까!

끄덕

끄덕

뽑기에서 뽑은 베개로 베개 싸움에 참가해 베개를 터트려 행운의 금빛 깃털을 찾으면 성공! 만약 찾지 못한다면…

살랑

다음 일정으로 가게 될 서밋 전망대를 걸어 올라가셔야 합니다.

전망대라면 최소 수십 층!

올라가다 하루가 다 갈 거야!

무조건 좋은 베개를 뽑아야 해!

그런데 어떤 베개가 가장 유리한 걸까?

가장 작은 게 좋겠지. 깃털이 제일 적으니 금방 깃털을 찾을 수 있을 거야.

그런가…?

가벼우면 들고 휘두르기에도 편하겠지?

그럼 상자를 선택해 주세요!

후다다닥

샤샤샥

상자를 열어 주세요!

윽! 너무 크잖아. 깃털이 많으니 무거울 것 같아.

보아하니 내 베개는 중간 정도 크기네.

우아! 내가 가장 작은 베개다!

뭐, 나쁘지 않아.

방긋

베개 싸움을 하기 전에 몇 가지 지켜야 할 규칙이 있어요.

세계 베개 싸움의 날, 어떤 규칙이 있을까?

보통 베개 싸움의 규칙은 지역마다 달라요. 하지만, 세계 베개 싸움의 날에 펼쳐지는 경기에는 아래와 같이 정해진 규칙이 있답니다.

- 안경을 쓴 사람은 때리지 않기!
- 카메라를 든 사람을 때리지 않기!
- 베개가 없는 사람은 때리지 않기!
- 푹신한 베개만 사용하기!
- 몸의 어떤 부분으로도 상대를 때리지 않기!
- 베개 싸움이 끝나고 떨어진 깃털을 담을 청소용 가방을 들고 오기!

안전과 관련된 규칙상 안경은 벗고 참여해야 합니다!

그럼 뽑뽑피디 님이 잠시 보관해 주실 수 있나요?

쏙

물론이죠.

반짝 반짝

우하하핫!

위풍당당

털썩

원 밴더빌트 (One Vanderbilt)

서밋 전망대가 있는
원 밴더빌트 빌딩은
전체 높이가 427 m로,
2020년 건물이 완성되었을 때
뉴욕에서는 2번째,
미국에서는 3번째로
높았습니다.

우아! 엄청 높다!

다음 일정 전에
숙소에 잠시
들러 옷을
갈아입을까요?

흑, 내가
질 줄이야.

추욱

70

바로 옆에 있는 그랜드 센트럴 터미널과 조화롭게 어우러질 수 있도록 건물 모습이 설계되었죠.

웅성

웅성

|||||||||| 궁금해요, 파뿌리

세계 최대의 기차역, 그랜드 센트럴 터미널

뉴욕에 있는 그랜드 센트럴 터미널(Grand Central Terminal)은 세계에서 가장 큰 기차역이에요. 원래 이곳은 1896년에 만들어진 증기 기관차 역이었으나, 교통량이 증가하면서 증기와 연기 문제가 불거지는 바람에 1913년에 지금의 모습으로 새롭게 개장했지요. 그랜드 센트럴 터미널은 44개의 플랫폼과 68개의 노선을 가지고 있어 세계 최대 규모의 크기를 자랑하고 있어요. 건물 중앙홀의 천장에는 12궁 별자리 장식이 있으며, 안내소에 있는 커다란 시계는 기차역의 상징으로 자리 잡아 많은 이들의 사랑을 받고 있답니다.

전, 전망대는 몇 층에 있나요?

스윽

정상, 꼭대기라는 의미를 지닌 서밋 전망대 말씀이죠? 91층에 있습니다.

9, 91층이요?

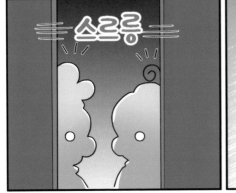

*마천루(Skyscraper) : 하늘을 찌를 듯 높이 솟은 고층 건물을 의미

뉴욕에는 웨딩 케이크 모양의 빌딩이 있다?

뉴욕 대부분의 고층 빌딩은 갈수록 폭이 좁아지는 웨딩 케이크 같은 모양을 하고 있어요. 이는 햇빛과 관련이 있어요. 뉴욕이 빠르게 발전하면서 고층 빌딩이 많아지자, 지상에 햇빛이 들지 않아 그늘진 곳이 많아지는 문제가 생기기 시작했어요. 마치 키가 큰 나무들이 많으면 그 아래에는 햇빛이 닿지 않는 것처럼 요. 그래서 1916년 뉴욕에서는 건축 규제 계획(Zoning Resolution)을 만들어 건물이 일정 높이 이상이 될 때는 대지 면적의 25%만을 허용했다고 해요. 그리고 그 결과, 위로 갈수록 폭이 좁아지는 모양의 빌딩이 등장하게 되었다고 하지요.

뉴욕을 대표하는 빌딩으로는, 영화 〈킹콩〉에 나온 엠파이어 스테이트 빌딩, 삼각형 철제 다리미를 닮은 플랫 아이언 빌딩 등이 있답니다.

그런데 노랭이는 아직 멀었나요?

이러다가 서밋 전망대는 구경도 못 하겠는데요?

끄덕

이쯤에서 벌칙을 끝내죠. 91층까지 걸어오는 건 말이 안 되긴 해요.

윽! 그걸 알면서도!

여긴 어디? 나는 누구?

벌칙은 여기까지….

벌떡

으아아아! 탈출이다!

너무 심했나?

쌔앵~

통통통통통

좋습니다! 오늘 저녁은 한식으로 하죠.

엥?

아니, 그렇게 순순히 저희 요청을 들어준 적 없으시잖아요.

?

왜 저래?

모, 모두라고 한 적 없습니다만?

머쓱

뽑기에서 이긴 오직 한 사람에게만 한식을 사 드릴 겁니다.

그럼 그렇지.

지긋

이번엔 어떤 뽑기를 하면 되는 건가요?

일단 뉴욕 공립 도서관으로 가 보실까요?

도서관이요?

여기서 무슨 뽑기를 한다는 거지?

꾸울꺽~!

무엇이든 상관없이 내가 먹고 만다, 한식!

각자 책 한 권을 가져와 동시에 펼쳤을 때 사람 이름이 가장 많이 나오는 사람이 승리합니다.

소곤

소곤

천장에 그림이 있네!

아차! 이럴 때가 아니지.

퍼뜩

책을 펼쳐 주세요!

팡팡

내가 제일 많았으면…!

어떻게 이름이 하나도 없을 수 있지?

와! 이름이 다섯 개나 있어!

윽! 이름이 한 개잖아.

내가 이겼다!

약속대로 코리아타운으로 가서 근사한 K-BBQ를 사 드리겠습니다.

부럽다.

헤헤헤~

코리아타운(Korea town)

저기 한식당이 있어!

||||||||||||| 궁금해요, 파뿌리

해외 속의 한국, 코리아타운

한인촌 혹은 한인타운이라고도 불리는 코리아타운은 해외 현지에서 우리나라 사람들이 모여 살고 있는 구역이에요. 이곳에는 한국어로 된 간판을 쉽게 볼 수 있고 한국 음식점들도 많답니다.

잘 먹겠습니다.

와구

한 입만 주면 안 될까?

미국 와서는 거의 1일 1 햄버거 했는데, 오랜만에 밥 먹으니 좋다!

와구

지글

지글

3장

문화의 중심지, 타임스 스퀘어!

센트럴 파크 (Central Park)

오늘 하루는
뉴요커처럼!

\|\|\|\|\|\|\|\|\|\| 궁금해요, 파뿌리 ✈

뉴욕의 아마존?

센트럴 파크는 뉴욕의 허파로 불리는 곳이에요. 남북 4.1 km, 동서 0.83 km의 네모난 구역 안에 약 50만 그루의 나무들이 있지요. 센트럴 파크는 뉴욕 시민들에게 여유와 휴식을 선물하는 고마운 공간이랍니다.

그래요, 뉴요커 체험 좋죠. 다른 나라로 여행을 가서 현지인처럼 살아 보는 건 특별한 경험이죠.

아함~

하지만 그게 지금 이 상황과 무슨 관련이 있죠?

이른 아침 일찍부터 운동복 차림으로!

아직 잠도 덜 깼는데….

저런~ 영화에서 못 보셨어요? 이른 아침 센트럴 파크에서 조깅을 즐기는 사람들!

울먹

전 운동은 어제 충분히 했어요. 한 달은 안 해도 된다고요!

NO~!

운동은 저축이 안 됩니다.

대신 보상으로 뉴요커의 아침을 쏘겠습니다.

아침?

메뉴가 뭔가요?

먹을 거에 넘어갔군.

후후후, 궁금하면 조깅을 얼른 끝내세요!

척!

좋아요!

GO! GO!

터덜 터덜

통통통통

헉헉

탁탁탁탁

살랑~

아까는 귀찮았는데, 막상 달리니 좋다.

상쾌해~

도심 속에 큰 공원이 있으니까 정말 좋네.

띠옹~

맞아. 힐링되는 느낌이야.

그게 바로 이 공원이 가진 중요한 가치야!

정말?

끼기기긱

응. 한 시민이 바쁘디 바쁜 뉴욕에 커다란 공원을 만들지 않으면….

100년 뒤에는 이만한 크기의 정신 병원이 필요할 거라고 했대.

||||||||||||| 궁금해요, 파뿌리

여기가 어딘지 모를 땐 가로등을 찾아라?

뉴욕은 너무 복잡한 탓에 자칫 길을 잃어버릴 수도 있어요. 하지만 가로등만 눈여겨본다면 길 찾기가 그리 어렵지는 않을 거예요. 가로등에는 '9901'과 같이, 현재의 위치 정보가 담긴 네 개의 숫자가 적혀 있거든요. 앞 두 자리 숫자는 길의 이름이고, 뒤 두 자리 숫자는 가로등의 순서를 의미하지요. 또 다른 팁 하나! 뉴욕에서 남북 방향으로 뻗은 길은 'Avenue(애비뉴)', 동서 방향으로 뻗은 길은 'Street(스트리트)'라고 부르는데요, 각 길의 앞에는 '브로드웨이'처럼 고유명사로 지어진 단어가 붙거나 숫자가 붙기도 한답니다.

우웁!

뽑뽑…
피디 님…?

후훗,
심심하실까 봐 준비한
깜짝 복불복 뽑기예요.

힐끗

ㄲㅇㅇ

진렬아,
왜 그래?

이거 봐. 생마늘에
생양파까지 잔뜩
넣었어!

스멀

스멀

내가 걸리지 않아
다행이다.

킥킥

어쩐지 너무 순순히
아침을 준다고 했어.
맵지만 그래도 맛있다.
흑흑.

쏘 스파이시~!

저 성 같은 건물은 뭐지?

어라?

미국 자연사 박물관입니다. 자연의 역사와 관련된 다양한 자료들을 수집해서 보존하고 있는 곳이에요.

재밌겠다! 들어가 보고 싶어요!

하악

!!!

너 양치하기 전까지 말하지 마!

쌩~

여러분, 저도 같이 가요!

으아아! 저리 가!

시른데! 시른데! 시른데!

다다다다다

파밧

둥~!

우아~!

졸졸졸

우주에 대해서도 알 수 있다니!

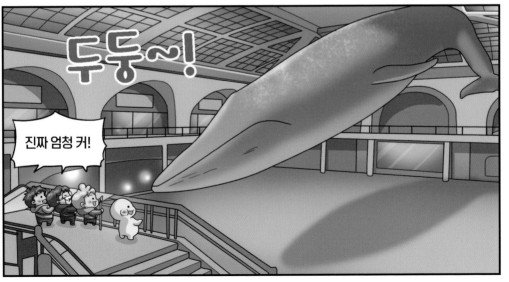

두둥~!

진짜 엄청 커!

세계 미술의 기록 보관소!

메트로폴리탄 미술관은 1866년 파리에서 미국의 독립 기념일을 축하하기 위해 모인 모임에서 시작되었다고 해요. 이곳은 인류의 역사와 문화가 살아 숨 쉬는 곳으로, 동서고금을 넘나드는 예술 작품을 약 330만 점이나 소장하고 있답니다.

미국 자연사 박물관에서 센트럴 파크를 가로질러 가면 나와요.

척

쫄랑

쫄랑

오잉?

표정이 안 좋네요. 무슨 일 있나요? 혹시 급똥?

그게 아니라….
미술에 대해 공부를 하고 왔으면 좋았을 것 같다는 생각이 나서요.

시무룩

후유~

*도슨트: 예술품에 대한 이해를 도와주기 위해 작품을 설명해 주는 사람

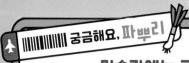

미술관에는 그림만 있는 게 아니라고?

건물 외관부터 마치 하나의 커다란 미술 작품처럼 느껴지는 아름다운 메트로폴리탄! 커다란 건물에는 약 20개의 테마에 맞춰 200개가 넘는 전시실이 구비되어 있어요. 전시실 안에는 회화뿐 아니라 조각, 사진, 유물, 공예품 등 인류 5,000년의 역사를 아우르는 수많은 작품들이 전시되어 있답니다.

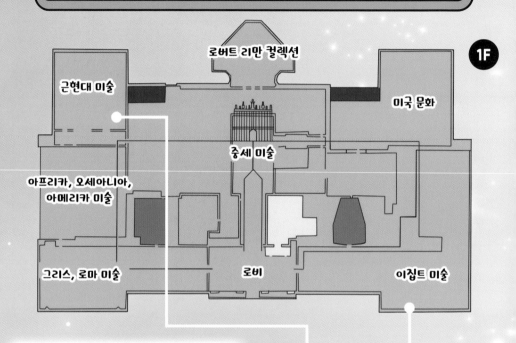

1F

로버트 리만 컬렉션

근현대 미술

미국 문화

중세 미술

아프리카, 오세아니아, 아메리카 미술

그리스, 로마 미술

로비

이집트 미술

통역 좀! 영어라서 알아들을 수가 없어. 영문학과의 실력 발휘 좀 해 봐.

블라~ 블라~

끙~ 영문도 모른채 통역가가 되어 버리다니. 뽑기를 잘 뽑은 게 맞나?

이집트 미술관
구석기 시대부터 4세기까지의 고대 이집트 예술 작품들을 볼 수 있어요.

근현대 미술관
1890년대부터 현재까지의 미술 작품을 볼 수 있어요.

도대체 출구가 어디야? 으아앙! 누가 날 좀 꺼내 줘요!

발발발~

유럽 회화관
13세기부터 19세기까지 마네, 모네, 드가, 세잔, 반 고흐 등의 유럽 작가 작품들을 볼 수 있어요.

2F

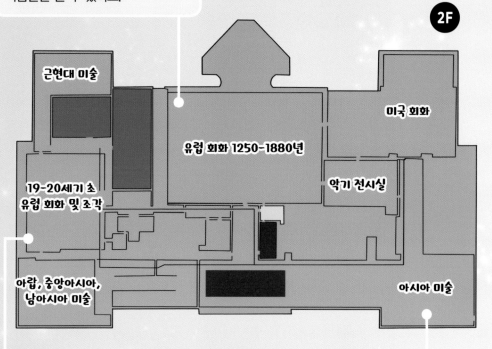

근현대 미술

미국 회화

유럽 회화 1250-1880년

19-20세기 초 유럽 회화 및 조각

악기 전시실

아랍, 중앙아시아, 남아시아 미술

아시아 미술

19-20세기 초 유럽 회화 및 조각관
19세기부터 20세기 초의 유럽 예술 작품들을 볼 수 있어요.

아시아 미술관
기원전 3천 년부터 21세기까지 35,000점 이상의 아시아 예술 작품들을 볼 수 있어요.

97

아름다운 예술 작품들을 잔뜩 보고나니까 감동으로 벅차오르는 거 같아.

방실방실

톡톡

해도 슬슬 지고 하니 타임스 스퀘어에 갈까? 뉴욕에 왔으면 거기서 사진 한 장은 찍어야지!

?

휙

초롱

광고판 엄청 많은 그곳?

당장 가자!

벌떡

ㅋㅋ

다시 쌩쌩해 졌네.

강호이, 같이 가!

뒤뚱

뒤뚱

파파파팟

세계의 교차로, 타임스 스퀘어!

타임스 스퀘어는 연간 1억 명이 넘는 사람들이 찾는 뉴욕의 대표 관광 명소예요. 이 명소는 뉴욕 7번가와 브로드웨이가 교차하고 있는 곳에 위치해 있지요. 예전부터 브로드웨이에는 뮤지컬이나 연극 등을 상영하는 극장들이 많았는데, 현재 상영 중인 작품을 더 많은 사람들에게 알리기 위해 극장 밖에 광고판을 붙이기 시작하면서 지금처럼 광고판이 많은 화려한 거리가 되었다고 해요.

4장

골드러시의 무대, LA!

짜잔~!

뽑기 투어 미국의 두 번째 여행지인 로스앤젤레스입니다!

줄여서 LA라고 부르는 이곳은 캘리포니아주,

더 나아가 미국 서부에서 가장 큰 도시예요!

척

야호, LA에 파쁘리가 왔다!

빠밤~!!

바로 영화의 본고장인 할리우드로 가는 거죠?

택시와 대중교통

맞아요. 하지만 그전에 이동 수단 뽑기를 먼저 하겠습니다. 바로바로~!

뒤적

뒤적

반짝

캘리포니아 하면 금! 진짜 금화 뽑기입니다.

오옷! 진짜 금화라니! 눈부십니다!

파앗

잠시만요! 금과 캘리포니아가 어떤 연관이 있어요?

혹시 골드러시?

골드러시는 금광이 발견된 지역으로 사람들이 몰려드는 것을 의미하는데…

오호~

19세기에 캘리포니아에서 *사금이 발견되자 많은 사람들이 캘리포니아로 몰리기 시작한 게 그 시작이었어.

*사금: 물가나 물 밑의 모래 또는 자갈 속에 섞인 금

낙후된 서부 변두리였던 캘리포니아주의 인생 역전!

과거 멕시코의 영토였던 캘리포니아는 1846년에 '캘리포니아 공화국'으로 잠시 독립을 선포한 뒤 미국에 편입되었어요. 한반도 크기의 거의 두 배에 달하는 이 지역에서는 다양한 지형을 볼 수 있어요. 내륙에는 시에라네바다산맥이 자리 잡고 있고, 해안선을 따라 코스트산맥이 남북으로 뻗어 있지요. 두 산맥 사이에는 평원이 펼쳐져 있는데, 미국 내에서 가장 높은 휘트니산(4,418 m)과 가장 낮은 지대인 데스밸리(지하 86 m)를 포함하고 있답니다.

초기에 캘리포니아는 시에라네바다산맥으로 인해 내륙과의 물류 운송이 어려워 발전이 더뎠던 서부의 변두리 주였어요. 그러나 1848년 캘리포니아 금광에서 엄청난 양의 금이 발견되면서, 상황이 180도 달라졌어요. 금이 발견되었다는 소식에 미국 전역과 전 세계에서 수많은 사람들이 몰려들었거든요. 이 현상을 일명 골드러시라고 부르지요.

캘리포니아에서 11년간 채굴된 금의 양은 전 세계에서 150년 동안 채굴된 금의 양보다 많았고, 1848년에는 인구가 천여 명에 불과했던 도시가 1년 만에 수십만 명으로 급증하게 되었어요. 이 시기의 이주자들을 '포티나이너스(49ers)'라고 부르는데, 이는 1849년에 이주한 사람들을 의미하지요.

이 골드러시로 인해 많은 사람들이 캘리포니아로 이주하고, 인구가 증가하자 여러 사업들이 번창하게 되었어요. 그리고 1850년, 미국의 31번째 주로 승격하게 되었지요. 오늘날의 캘리포니아는 미국에서 인구수가 가장 많은 주로 성장하였고, 뉴욕과 어깨를 나란히 하는 미국의 가장 발전된 주 중 하나가 되었답니다.

아하! 금광이 발견돼서, 캘리포니아주가 골든스테이트(황금의 주)라는 별칭을 얻게 되었구나!

그 옛날 금을 찾아 캘리포니아로 왔던 포티나이너스가 그랬듯, 사금을 찾을 수 있는 패닝 접시 안에 있는 금화들 중 진짜 금화를 건져 주세요!

it's 뽑기 타임!

✈ ||||||||||| 궁금해요, 파뿌리

모래에서 금을 찾는 기술, 패닝

모래나 분쇄된 광석 속에 있는 무거운 금속을 골라내는 방법을 패닝(Panning)이라 해요. 그리고 패닝 작업에 사용되는 도구를 패닝 접시라고 하지요. 패닝 접시로 강의 모래를 떠서 물에 넣고 흔들면 가벼운 모래는 물살을 따라 접시 밖으로 흘러 빠져나가고 무거운 금만 접시 안에 남게 된답니다.

전부 진짜 금화인가요?

반짝

그럴 리가요!

휙휙

아직도 뽑뽑피디 님을 몰라?

삐질

105

자, 이제 진짜 금화를 선택해 뽑아 주세요!

촤악

과연 진짜 금화의 주인공은?

꿀꺽

뜨악

앗, 뭐야? 초콜릿이잖아.

그래도 맛은 있네.

우아! 진짜 금화다!

뽑기 결과는….

부럽다.

방방

쿡쿡

쩌렁

귀한 금화! 고이 모셔 둬야 하지 않을까요?

쩌렁

설마?

대중교통을 이용해 돈을 절약합시다!

두둥!

✈ |||||||||||| 궁금해요, 파뿌리

동에 번쩍, 서에 번쩍! 대륙 횡단 철도!

대륙 횡단 철도가 없었을 때 동부에서 서부로 오는 것은 보통 일이 아니었어요. 마차를 타고 가는 동안 죽음의 사막인 데스밸리와 험난한 시에라네바다산맥을 넘어야 했거든요. 또, 겨울에는 강추위 때문에 목숨을 잃을 수도 있어서, 따뜻한 봄에 출발해 눈이 내리기 전에 도착해야만 하는 아주 혹독한 여정이었지요. 하지만 1860년대에 들어서 동부와 서부를 잇는 대륙 횡단 철도가 개통되면서, 수개월이 필요했던 이동 시간이 단 1주일로 엄청나게 단축되었답니다.

동쪽과 서쪽을 이은 이 대륙 횡단 철도 덕분에 미국 내 물류 수송은 한결 수월해졌답니다.

스르르

한편, 택시를 탄 노랭이와 강호이는…

저기가 도심이에요?

맞아요.

부앙~

같은 미국인데 뉴욕과는 느낌이 완전 다르네요.

부웅

부우우웅

뭐 해?

택시비를 미리 준비해 두려고.

맞다. 노랭아, 팁은 어느 정도 준비해야 해?

소곤

소곤

으하하! 간, 간지러워!

조용히 말한다는 게 그만….

택시에서의 팁은 보통 택시 비용의 15~20% 정도이고, 음식점에서도 음식 값의 15~20% 정도로 생각하면 돼.

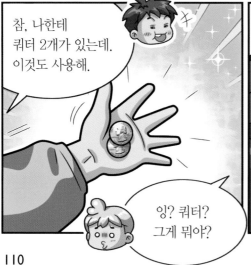

참, 나한테 쿼터 2개가 있는데. 이것도 사용해.

잉? 쿼터? 그게 뭐야?

25센트를 말해. 미국 동전에는 각자 이름이 있거든. 그래서 보통 동전을 이름으로 불러.

미국 동전! 이름이 뭐예요?

25센트는 쿼터, 10센트는 다임, 5센트는 니켈, 1센티는 페니라고 해요. 원화로는 25센트는 약 300원, 10센트는 약 120원, 5센트는 약 60원, 1센트는 약 12원이지요. 1909년 이후에 발행된 1센트 주화 앞면에는 링컨 탄생 100주년이 되는 해를 기념해 에이브러햄 링컨이 그려져 있어요. 무게는 2.5 g이고 지름은 19.05 mm, 두께는 1.52 mm이지요. 재료는 구리도금과 아연으로 이루어져 있답니다.

여기가 그 유명한 별 안에 스타의 이름이 새겨져 있는 거리구나!

그거 알아? 별을 보면 스타의 이름과 함께 마크가 있는데, 이 마크에 따라 어느 분야에서 일을 했는지 알 수 있대.

- 영화
- 텔레비전
- 음악 산업
- 라디오 분야
- 연극

그런데 아까부터 뭘 그렇게 열심히 찾아?

찾았다! 저 이름을 찾고 있었어!

PHILIP AHN

독립운동가이신 도산 안창호 선생님의 아들이시지!

그분의 아들이 할리우드에서 영화배우를 하셨어?

|||||||||||| 궁금해요, 파쁘리

할리우드 명예의 거리에 입성한 유일한 한국 배우!

필립 안은 한국계 중에 할리우드 명예의 거리에 유일하게 이름을 새긴 배우예요. 도산 안창호 선생님의 아들인 필립 안은 할리우드에서 동아시아인 역할을 연기하면서 활발하게 활동했어요. 그리고 최초의 아시아계 배우로 많은 영화와 TV에 출연한 공로를 인정받아, 1984년 명예의 거리에 이름을 올리게 되었답니다.

와! 우리나라 사람이 명예의 거리에 이름을 올리다니… 정말 멋지다!

어? 저기 봐!

척

거미 남자다!

짠~!

브이~

영화랑 정말 똑같이 분장했어!

꿈짝 ♪ ♬ ♪♪ ♪ 꿈짝

거리에서 공연이라도 하는 건가?

114

어? 익숙한 이 음악은?

우리도 춤췄던 노래잖아!

혹시 설마 뿌똑이일까?

파뿌리다~!

척

우리 같이 춤춰요!

까딱

좋아요!

후다다닥

세계 각종 기록의 집합, 기네스 박물관!

기네스 박물관은 각종 세계 기록을 모은 기네스북과 관련된 전시를 볼 수 있는 곳이에요. 기네스북에는 세상에서 가장 키가 큰 사람, 가장 나이가 많은 사람, 엉덩이로 가장 빠르게 걷는 사람 등 무척 다양한 기록들이 수록돼 있어 커다란 재미와 호기심을 불러일으키지요. 단, 기네스북에 실리려고 위험하고 무모한 행위를 하는 일이 종종 발생했기 때문에 현재는 윤리적으로 문제가 있거나 생명이 위험한 행위는 등재하지 않는답니다.

여기에 엉덩이로 빨리 걷기 기록은 없네. 얼마 전에 우연히 봤었는데….

가웃

엉덩이로 걷기라고? 그런 기록도 있어?

2009년에 100 m를 신기록인 11분 59초에 통과해서 기네스북에 등재되었다는 걸 본 것 같아.

우리 한번 도전해 볼까? 마침 여기에 아무도 없는데?

뽑뽑피디 님, 심판을 봐 주세요!

좋습니다, 준비!

털썩

찌릿!

찌리릿!

출발!

엉덩이로 세계 신기록을 세우겠어!

헉!

왜들 그러세요?

멈칫!

큰일 났다!

찌지지직

바지가 찢어졌어요.

아이고. 일단 숙소로 가서 옷을 갈아입죠. 엉덩이가 다 보인 채로 돌아다닐 수는 없으니까요.

어그적

어그적

로스엔젤레스 호텔

벌컥

어?

흘깃~

침대가 2개! 그러면 둘이 같이 자야 한다는 건데?

먼저 앉는 사람이 임자! 내가 혼자 잘 거야!

덥석

후다닥

이거 놔! 이러다 진짜 바지 벗겨지겠어!

이게 바로 어부지리!

쌩~

어딜!

*어부지리: 두 사람이 싸우는 사이, 다른 사람이 이득을 챙긴다는 뜻

우당탕

여, 여러분들? 침대는 뽀, 뽑기로 정할 건데요?

HollyWood

그래! 우리에겐 뽑기가 있었지!

벌떡

싱글 침대를 차지하는 조건이 뭔가요?

초를 하나 선택해 뽑아 심지가 가장 긴 사람이 싱글 침대를 차지하는 겁니다.

HollyWood

백만 볼트

하룻밤의 편안한 잠이 걸려 있어!

찌리릿

각자 초를 선택해 뽑아 주세요!

척

슈욱

츄슷

이예!
내가 뽑았다!

쏘옥

빙빙

부럽다….

털썩

오예!

뽑기가 결정한
거니 어쩔 수 없지.

내가
싱글 침대다!

방방

터덜

터덜

5장

태평양을 품은,
캘리포니아 비치!

우아!
지붕 없는 차다!

짜잔~

오늘은 여러분들의
힐링을 위한
날입니다!

정말
멋져요!

와~

맞습니다.
어서 차에
타시죠!

척

헤벌쭉~

이 차 타고
드라이브 가는
건가요?

야호!

폴짝

모두 안전벨트
잘 매셨죠?

그럼요~
출발~!

126

부아아아앙 CALIFORNIA 1

저기 봐!
바다가 엄청 넓어!

저 바다가
태평양이죠?

맞아요.

북아메리카 대륙에 속한 미국은
서쪽으로는 태평양, 동쪽으로는
대서양과 마주하고 있어요.

태평양

북대서양

미국은 국토 면적이
엄청 큰 나라로, 광활한
대자연이 곳곳에 펼쳐져
있지요.

서부 지역에도
멋진 자연 경관이
정말 많답니다.

어떤 곳이
있는데요?

그건
말이죠…

미국 서부에 있는 위대한 자연 명소들!

야생 동물의
천국이구나!

🔍 로키산맥

북아메리카 대륙에 있는 로키산맥은 세
계에서 두 번째로 긴 산맥이에요. 캐나다
서부와 미국 서부에 위아래로 아주 길게
뻗어 있으며, 길이가 무려 약 4,800 km
에 이르지요. 이곳에는 엘크, 코요테 등
많은 야생 동물을 만날 수 있어요.

덜덜덜~ 너무
높아서 무섭다고요!

🔍 요세미티 국립공원

미국 서부의 캘리포니아 중부에
위치한 이 국립공원은 1984년 세
계자연유산으로 등재되었어요. 요
세미티에는 절벽과 폭포가 정말
많은데요. 특히 북아메리카에서
제일 큰 폭포인 요세미티 폭포와
엘 캐피탄 바위가 유명해요.

🔍 옐로스톤 국립공원

옐로스톤 국립공원은 세계 최초
의 국립공원으로, 1978년 세계자
연유산으로 등재되었어요. 돌이
황 성분으로 인해 노란빛을 띠
기 때문에 옐로스톤이라는 이름
이 붙었다고 해요. 이곳은 지열
이 높아서 수온이 뜨거운 온천과
간헐천이 엄청 많아요.

앗! 깜짝이야!
물이 솟구치잖아!

왕 크니까….

왕 멋있어!

휙

우아!
저기 좀 봐!

피스모 비치다!

애들아,
피스모 비치에서는
저 목재 부두를 꼭 한 번
걸어 봐야 한대!

부앙

뽐뽐피디 님,
피스모 비치에
가고 싶어요!

좋아요~!
점심도 먹을 겸
한번 가 봅시다!

우아~
신난다!

끼끼끼긱!

끼이익!

와~!

덜컥

여기 게 요리를 파나 봐!

누가 봐도 그래 보인다.

응?

뭐지?

덜컥

와, 코끼리물범 인형이다!

짜잔~!

뽑뽑피디 님, 인형이 너무 귀여워요!

이거 저희가 가져도 되나요?

척

물론이죠!
하나씩 골라
가지세요.

우아!
신난…!

멈칫

잠깐!
뽑뽑피디 님!
이거 뽑기죠?

뜨끔

뭐?
뽑기라고?

울먹

아닙니다.
이건 순수한
제 선….

울먹

손 내려
보시죠!

크크. 사실
맞습니다! 바로바로,
천, 만, 십 뽑기!

역시!

씨익~

스윽

미국 돈으론 얼추
1달러, 10달러,
100달러지요.

뽑은 금액 한도
내에서 마음껏
사드시면 됩니다!

척

더 일찍 눈치챘어야
했는데. 뽑고 말고
할 것도 없잖아.

스윽

여기 지퍼가
있어!

찌익

맙소사!
1달러잖아?

아아아아악!

그렇다면
나는?

100달러다!

방방

겨우
10달러….

떨떠름

CRAB

쌩~

맛있는
해산물 요리
먹으러 가자!

10달러로는
부족할 텐데.

난 1달러라고!
이걸로는 물도
못 사 마셔!

터덜

터덜

퉁~!

우아!

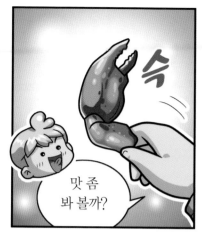

맛 좀
봐 볼까?

꾸울~꺽

쏘옥

진짜
맛있다!

우물

우물

진렬, 정신 차려!
부러우면
지는 거야.

주룩

난 진 것
같아.

쿠릉~

아, 아니!
이 맛은?

너무 맛있어!
이게 뭐지?

와구

와구

미국 전통 음식
잠발라야예요. 아프리카,
스페인, 프랑스 음식의
영향을 받은 미국의
쌀 요리죠.

우웅,
맛있어요!

다양성이 버무려진 미국 전통 음식!

미국 요리에는 다양한 음식 문화가 녹아 있어요. 아메리카 원주민의 음식에, 유럽 식민지 시대의 스페인, 프랑스, 영국 식문화가 더해지고, 훗날 이민자들의 식문화까지 추가되면서 현재의 미국 음식 문화가 형성되었지요.

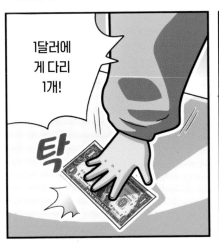

가자, 바다로!

다다다다다

폴짝

야호!

풍덩

탁탁탁

톡

안경에 물이 튀었네.

멈칫

뭐지? 잠시 진렬이가 꽃미남으로 보였어.

나도! 순간 그림체가 바뀐 것 같았는데?

슥슥

6장

바람이 빚은 보물, 그랜드 캐니언!

자, 여러분을 위해 준비한 복불복 게임입니다! 대, 중, 소! 아침 식사 뽑기!

메뉴 이름이라도 알려 주셔야죠.

아직 잠도 덜 깼는데….

쉿! 메뉴는 상자 선택 뒤에 공개하겠습니다

척

울컥

읍~!

빅 푸드가 많은 미국 땅에서 펼쳐지니깐, 분명 큰 게 최고 좋을 거야.

확신~

반전으로, 작은 게 가장 좋을지도 몰라.

신중~

뭐든 중간이 제일 좋은 법!

헤헷~

윽! 엄청 단 도넛이잖아?

축하합니다!

움찔

강호이~ 대왕 도넛 당첨! 아침부터 배 터지….

아니, 배부르게 도넛을 드세요!

두둥~!

악! 너무 커서 엄청 느끼할 것 같은데….

후유, 다행이다! 보통 크기의 도넛이라 먹을 만하겠어.

강호이와 진렬이는 식사 후에 자유 시간을 가지시면 됩니다!

특별히 사온 내왕 도넛이니까 남기지 말고 다 드셔야 합니다!

그래도 엄청 맛있다. 히잉~!

반짝

중간 크기 박스에 가장 작은 도넛이라니…. 아무리 '소'라도 이건 너무한 거 아니에요? 간에 기별도 안 가겠어요!

ㅎㅎㅎ

에이~ 저 그렇게 야박한 PD 아닙니다.

응?

씨익

특별한 장소에 시리얼 한 상자를 준비해 놨으니 먹으러 가시죠.

시리얼이요?

질질질

?

자, 얼른 오세요!

뭐지?

미국 서부 땅이
얼마나 넓은데 그곳을
당일치기로 갔다 와요!

씨익~

당일치기라고
말씀드린 적
없습니다만?

제가 괜히
캠핑카를
빌렸을까요?

히익!

그
소리는…?

흔들

흔들

으아아!
살려 줘요!

철퍼덕

여기가 바로 실제 영화 촬영지와 테마파크 놀이기구를 모두 즐길 수 있는 유니버설 스튜디오 할리우드입니다!

뿌이~!

찰칵

궁금해요, 파쁘리

영화 천국, 유니버설 스튜디오

유니버설 스튜디오 할리우드에서는 투어 트램을 타고 실제 영화 촬영 현장을 둘러보며, 영화 제작과 관련된 재미난 뒷이야기를 들을 수 있어요. 뿐만 아니라, 비나 지진과 같은 실제 영화 촬영에 사용되는 다양한 특수 효과들도 경험해 볼 수 있지요.

자, 자! 강호이는 대왕 도넛을 다 못 먹었으니 벌칙을 받아야겠죠?

척!

으앙! 사람들이 다 날 보는 거 같아!

저는 왜?

부끄~

파쁘리는 하나 아닌가요?

끄응! 그건 그렇지만….

툭

난 할리우드가 왜 영화 산업의 중심지라 불리는지 알게 되었어. 그렇게 어마어마한 규모의 스튜디오가 있다니!

그런데 할리우드는 어떻게 영화 산업이 발달한 걸까?

와! 재밌었다. 영화 촬영에 사용되는 특수 효과들이 정말 신기했어!

쫄랑

쫄랑

🛫 |||||||| 궁금해요, 파뿌리

할리우드는 어떻게 영화 산업의 중심지가 됐을까?

과거 영화 산업에서는 날씨가 아주 중요했어요. 비가 올 경우 비가 오는 장면 밖에 찍을 수 없었기 때문이었죠. 그래서 많은 영화 제작자들이 할리우드가 있는 캘리포니아로 모였어요. 캘리포니아는 온난한 아열대성 기후라 1년 내내 맑고 화창한 날씨를 자랑하거든요. 이런 이유로 전 세계 수많은 영화 제작사들이 할리우드에 모여들기 시작해 할리우드가 오늘날의 영화 산업의 중심지가 되었다고 해요.

햇살도 따뜻하고, 비도 적게 오고, 야외 활동하기에 최고의 장소야!

와! 할리우드 영화 산업이 기후와 관련이 있는 줄은 몰랐어.

그런데 노랭이는 지금쯤 어디에 있을까?

아까 뿝뿝피디 님 말로는 미 서부의 협곡들을 둘러보고 온다던데…

지구의 역사 그 자체인
그랜드 캐니언은 20억 년 전에
생성된 것으로 추정되는 대협곡입니다.
콜로라도강이 세차게 굽이쳐 흐르면서
주변 지형을 깎아 내어 지금의 웅장하고
아찔한 절경을 만들어 내었죠.

||||||||||||| 궁금해요, 파뿌리

캐니언의 천국, 미국 서부

미국 서부에는 그랜드 캐니언 외에도 유명한 협곡들이 많아요. 이 협곡들은 돌과 바람, 물의 풍화 작용으로 인해 다양한 생김새와 오묘한 빛깔을 자아내는데요. 대표적인 관광 명소로는 아름다운 물결 줄무늬를 지닌 앤털로프 캐니언, 첨탑 모양의 암석들이 줄지어 있는 브라이스 캐니언, 거대한 암석 절벽이 돋보이는 자이언 캐니언 등이 있어요.

어기가 미국에서 가장 낮은 땅인 데스밸리군요!

두둥~!

궁금해요, 파뿌리

죽음의 골짜기, 데스밸리!

데스밸리(죽음의 골짜기)는 골드러시 당시, 많은 사람들이 이곳을 건너다 목숨을 잃는 바람에 붙여진 이름이에요. 가장 낮은 지점이 해수면보다 무려 85.95 m나 낮은 곳에 있는데요. 이곳은 수백만 년 전에는 바다였다가 물이 점점 증발하면서 현재는 소금만 남아 있는 황량한 사막으로 변했다고 하지요. 한여름에 데스밸리의 기온은 무려 약 58.3 ℃ 까지 치솟는다고 해요.

해가 지니 캠핑카에서 쉬도록 해요.

좋아요!

통통통

둘만 있으니까 뭔가 허전하네요.

냠냠~

그러게요. 항상 북적북적했는데….

우아! 해가 지니 엄청 깜깜하네.

하룻밤이지만 일주일은 지난 거 같아!

으윽!

미 서부의 대자연은 어땠어?

슬금 슬금

정말 최고야! 너희랑 같이 봤으면 더 좋았을 거 같아서 너무 아쉬워.

그러게. 미리 좀 알려 주지. 같이 갔었으면 좋았을 텐데 말이지.

헤헤. 기분 풀라고 이벤트를 하나 마련했는데….

위풍당당~!

미국에 왔는데 미국 스포츠 관람을 빼놓고 가면 섭섭하겠죠?

그 말은?

그래서 준비했습니다! 농구 황제 마이클 조던이 뛰었던 시카고 불스의 농구 경기 직관!

겸사겸사 미 중부 여행도 하죠!

허어어억!

152

파뿌리와 인생샷 📷 따라잡기!

자유의 여신상에 꽃을 바치는 진렬이!

노랭이 킹콩이 되어 뉴욕 빌딩 숲을 오르다!

자연사 박물관 공룡에게 쫓기는 강호이!

강호이, 나는 할리우드 체질!

캘리포니아 해변에 인어 왕자(?) 진렬이 등장!

노랭이, 거대한 캐니언 웅덩이에 물 주기!

2024년 12월 1일 1판 1쇄 발행

원작 | 파뿌리
글 | 강민희　**그림 |** 팀키즈
감수 | 샌드박스네트워크

펴낸이 | 나성훈
펴낸곳 | (주)예림당　**등록 |** 제2013-000041호
주소 | 서울시 성동구 아차산로 153　**홈페이지 |** www.yearim.kr
구매 문의 전화 | 561-9007　**팩스 |** 562-9007
책 내용 문의 전화 | 3404-9271
ISBN 978-89-302-8203-1 74900
　　　978-89-302-8200-0 (세트)

기획·편집 | 민홍기 / 남진솔
디자인 | 루기룸
제작 | 신상덕 / 박경식　**사진 |** 이건무
콘텐츠제휴 | 문하영　**마케팅 |** 임상호 전훈승
PHOTO CREDIT | 123RF

⚠주의 : 책을 던지거나 떨어뜨리면 다칠 우려가 있으니 주의하십시오.